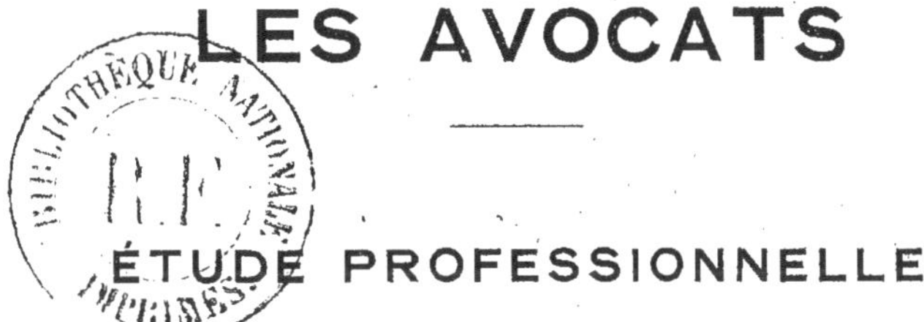

LES AVOCATS

ÉTUDE PROFESSIONNELLE

PAR A. DUVAL
AVOCAT
ANCIEN BATONNIER DU BARREAU DE REIMS
ANCIEN PRÉSIDENT DE L'ACADÉMIE NATIONALE DE REIMS

REIMS
LUCIEN MONCE, IMPRIMEUR DE L'ACADÉMIE
71, rue Chanzy, 71

1911

LES AVOCATS

ÉTUDE PROFESSIONNELLE

PAR A. DUVAL
AVOCAT
ANCIEN BATONNIER DU BARREAU DE REIMS
ANCIEN PRÉSIDENT DE L'ACADÉMIE NATIONALE DE REIMS

REIMS
LUCIEN MONCE, IMPRIMEUR DE L'ACADÉMIE
71, rue Chanzy, 71

1911

Extrait du Tome CXXVIII

des TRAVAUX DE L'ACADÉMIE DE REIMS.

(Tirage à 50 exemplaires.)

LES AVOCATS

ÉTUDE PROFESSIONNELLE

De toutes les professions auxquelles s'exerce l'activité humaine, les carrières libérales ont toujours été les plus honorées.

Entre toutes, j'ose dire que la profession de l'Avocat a été et reste entourée d'une sorte de prestige particulier.

Et pourtant, par un contraste que je ne me charge pas d'expliquer, il n'en est pas de nos jours qui soit encore environnée de plus de préjugés, et d'appréciations plus inexactes.

Pour le vulgaire, l'Avocat est un être spécial et mystérieux, inconséquent ou superficiel, dont les bras plus ou moins longs agitent télégraphiquement de vastes manches plus ou moins pagodes, — et qui, en un costume de Moyen-Age, et en un idiome archaïque, incompréhensible, débite des périodes sans importance auxquelles il est lui-même le dernier à ajouter quelque foi.

— Paroles d'avocat! dans le langage populaire courant, cela veut dire mensonges ou fourberies ou quelque chose d'approchant; au minimum, du vent dont il ne reste rien.

Et pour les classes plus élevées, — je ne sais si je ne devrais pas dire, pour être à la hauteur de mon époque, pour les intellectuels, — dont l'opinion sera peut-être plus délicatement exprimée, l'appréciation de la profession d'Avocat en est-elle plus flatteuse ?

Ne vous est-il pas arrivé, au cours d'une conversation, même dans les milieux les plus courtois, d'entendre émettre à l'endroit des membres du Barreau des réflexions comme celles-ci :

« Comment pouvez-vous donc, mon cher Maître,
« plaider l'innocence et demander l'acquittement du
« gredin peu intéressant dont vous savez, à part vous,
« la parfaite culpabilité. »

Ou bien encore :

« Ces Avocats sont vraiment bien extraordinaires ;
« — avec la chaleur communicative d'une conviction
« qui paraît sincère, ils vous plaident aujourd'hui une
« thèse déterminée ; et demain, avec non moins d'ar-
« deur et d'affirmation, ils présenteront au même Tri-
« bunal une thèse absolument contraire. »

Ne se trouve-t-il pas encore, même dans le meilleur monde, des esprits un peu ironiques, bien que fort aimables, qui ont persévéré jusqu'ici dans cette opinion qu'il doit être bien difficile à l'Avocat de mettre en parfait accord sa conscience et sa parole ; et qu'au demeurant, il ne doit pas être aisé toujours de rester honnête si l'on veut être Avocat, — ou de rester Avocat si l'on veut demeurer absolument honnête.

Cette dernière conclusion, si j'ai bonne mémoire, paraît être celle qui se dégage d'une série d'études accueillies jadis par la *Revue des Deux-Mondes*, et publiées, en une forme d'ailleurs fort attrayante, sous la signature de M. Masson-Forestier.

Je dois avouer les hésitations de ma plume un instant suspendue sous l'impression des réflexions qui précèdent et au surplus retenue par le scrupule personnel de tenter une sorte de plaidoyer *pro domo*.

J'ai pensé cependant que l'éclat glorieux du centenaire de la restauration du Barreau en excuserait mieux l'entreprise, et lui donnerait un motif légitime d'opportunité.

Je n'ai pas voulu le faire toutefois sans m'être au préalable livré, comme obéissant à une sorte de sentiment d'orgueil de famille, à une étude rétrospective des motifs et des caractères qui ont valu à l'Avocat, à travers les âges, une place particulièrement élevée dans les fonctions sociales.

Quelles sont donc les vertus spéciales, les hautes qualités exigées de l'Avocat par les peuples qui ont voulu voir en lui « comme un prêtre de la Justice, et presque une émanation de la Providence ? » L'Histoire justifie-t-elle cette appréciation, au premier aspect un peu emphatique du chancelier d'Aguesseau, représentant l'ordre des Avocats comme « aussi ancien « que la Magistrature, aussi noble que la vertu, aussi « nécessaire que la Justice » ?

On ne me reprochera certes pas d'avoir négligé les précautions oratoires en ce copieux exorde qui va m'attirer, si je n'entre de suite en matière, un avertissement aimable : « Avocat, passez au déluge. »

* * *

De fait, j'y arrive, — et même, c'est à cet événement géologique considérable que je place le point de départ de mon exposé historique. — Y avait-il des Avocats à cette époque ?

N'attendez pas de mon incompétence archéologique une recherche bien approfondie sur cette question. Aussi bien, Noé ayant négligé de conserver dans les flancs de l'Arche les documents ou les registres des Barreaux des âges antérieurs, nous demeurerons ensemble, si vous voulez bien vous y résigner avec moi, dans l'incertitude la plus complète sur l'existence ou la valeur morale de ces Barreaux antédiluviens.

En excusant cette allure peu sérieuse dans laquelle je ne saurais persévérer sans manquer au respect dû à la gravité du sujet, veuillez considérer que la question n'est pas absolument oiseuse.

Il serait exagéré, sans doute, d'avancer que les origines de la profession d'Avocat se perdent dans la nuit des temps; mais ce qu'on peut dire avec Boucher d'Argis, c'est qu'elles remontent aux premières organisations de la société humaine.

« Chez toutes les nations policées, dit-il, il y a « toujours eu des hommes zélés et vertueux, lesquels « étant particulièrement versés dans les principes du « droit et de l'équité, aidaient les autres de leurs « conseils, et défendaient en jugement ceux qui « n'étaient pas en état de se défendre par eux-mêmes, « ou qui avaient moins de confiance en leurs propres « idées que dans les lumières de leurs généreux « défenseurs. »

« Du moment, dit de son côté Philippe Dupin, « où les hommes se sont constitués juges des intérêts, « des actions et de la vie de leurs semblables, le droit « de défense a dû prendre naissance au sein de la « société. Il s'est alors rencontré des esprits éclairés « et des âmes généreuses qui se sont empressés de « prêter à l'ignorance ou à la faiblesse l'appui de leur

« courage et de leur savoir. » — (V. *Encycl.*, V. Avocat, n° 3.)

Zèle, vertu, science du droit, notion de l'équité, don du conseil, dévouement, courage, générosité, tels sont les caractères par lesquels se recommandait aux temps les plus anciens, la fonction des défenseurs en Justice, bien avant même qu'on eût songé à leur donner un nom générique : à dire vrai, c'était le plus souvent des parents ou des amis de l'assisté, et non encore des professionnels.

Le peuple juif cependant comptait des sages, offrant à peu près gratuitement des conseils écrits ; — ce que nous appelons aujourd'hui des avocats consultants.

Les Perses, les Chaldéens, les Egyptiens, donnèrent déjà plus d'extension à la défense en la fortifiant par la parole publique, à laquelle suffisait l'inspiration sans contrainte de l'éloquence naturelle.

Mais il faut croire que cette éloquence avait une vertu excessive de persuasion, ou que les magistrats étaient doués d'une particulière impressionabilité. — « Quand les Egyptiens eurent trouvé l'art d'écrire, ils « interdirent que l'on n'admît plus personne à défendre « aucune cause de vive voix. » — Et, si nous en croyons l'histoire, cette prohibition était motivée par « la crainte qu'un orateur ne séduisît les juges par le « ton pathétique de sa voix, par l'air composé de son « visage, même par des larmes feintes, et par des « gestes propres à trop émouvoir ».

Si la défense individuelle a pris naissance à côté et en même temps que la Justice, c'est en Grèce que se place l'institution du Barreau, à cette période glorieuse et féconde qui trouva, pour interpréter les lois de Lycurgue, de Solon et de Minos, et pour en invoquer la protection au bénéfice de leurs clients, des avocats comme Thémistocle, Périclès, Aristide, Lysias et Démosthènes. Aux vertus morales, aux capacités intellectuelles déjà demandées à ceux qui avaient l'honneur d'élever la voix dans le sanctuaire de la Justice, ou devant l'Aréopage, vint se surajouter l'art de l'éloquence qui, en les illuminant, mettra mieux en valeur ces qualités premières, et deviendra désormais comme un attribut essentiel de la profession.

J'imagine que c'est à cette époque qu'a dû éclore, pour caractériser le beau langage, cette locution admirative, devenue usuelle : Parler comme un avocat.

Il est permis de croire que pour parvenir à la perfection de l'éloquence judiciaire et publique, il était indispensable de jouir de quelques avantages extérieurs et de certaines aptitudes physiques.

Vous trouverez bon que je vous fasse grâce d'une dissertation spéciale sur le fameux bégaiement de Démosthènes. En une brochure assez curieuse, publiée à Tours en 1886, M. le Dr Chervin, Directeur de l'Institut des Bègues de Paris, a fait justice de cette légende.

Il demeure vrai toutefois, au texte même de Plutarque, que Démosthènes avait la voix faible, la prononciation pénible, la respiration courte ; et la nécessité où il était de couper ses périodes pour reprendre haleine en rendait le sens difficile à saisir. Ce fut, chose singulière, auprès d'un comédien consommé, du nom de Satyros, qu'il trouva le remède à ces imperfections physiques, et partant, le chemin de l'immortalité. Satyros apprit à Démosthènes les secrets de la diction, l'ampleur du geste, le jeu de la physionomie, les modulations de l'accent oratoire ; —

les cailloux, les vagues de la mer et l'ascension des montagnes firent le reste.

Au fait, peut-être ai-je été imprudent de vous rappeler cet incident historique ; je serais désolé si vous alliez en conclure que pour être bon avocat, il est utile d'être quelque peu comédien. Dans un travail qui se propose de demander au passé les vertus professionnelles qui ont illustré nos ancêtres, qui constituent notre patrimoine et nos titres de noblesse, et dont la pratique journalière s'impose à notre imitation, je n'ai pas cru pouvoir me dispenser d'évoquer cette grande leçon par laquelle Démosthènes nous enseigne de quels obstacles, en apparence insurmontables, peuvent triompher l'énergie de la volonté, l'opiniâtreté et la persévérance du labeur quotidien.

Les premières règles écrites d'admission et de discipline des orateurs résultent de lois spéciales de Dracon et de Solon. Elles révèlent bien la haute idée que les Grecs avaient de la mission des Avocats appelés à parler au peuple ou à défendre en Justice.

La première condition requise était d'être un homme libre.

Il fallait ensuite être de vie et mœurs irréprochables. Nul n'y était reçu qui avait manqué au respect envers les parents ou refusé de défendre la patrie ; qui faisait un commerce scandaleux, vivait dans la débauche, ou dissipait son patrimoine dans le luxe ou les plaisirs.

Il fallait être intègre, et si l'on avait eu la gestion de deniers publics, avoir préalablement justifié de la régularité de ses comptes.

Et par un symbolisme bien propre à montrer que les Grecs élevaient les fonctions de l'Avocat à la hauteur d'un sacerdoce, les lois prescrivaient qu'avant l'audience, l'enceinte — j'allais dire le sanctuaire — du Barreau fût arrosée d'eau lustrale.

Les Règlements rappelaient aux Avocats qu'ils devaient être concis en leurs discours, dignes et modestes en leur attitude, calmes en leurs répliques, respectueux envers les juges, le tout à peine d'être « mulctés » d'une amende de cinquante drachmes au minimum.

Les premiers orateurs ou avocats grecs ne connaissaient pas le chapitre des honoraires; leurs services n'en étaient pas moins rémunérés par la République qui les appelait aux charges les plus élevées du pouvoir ; c'était encore une manière d'affirmer la grandeur et la noblesse de leur Ordre. Leur désintéressement professionnel n'en était que plus louable ; car, — constatation tout à leur éloge, — ils descendaient des hauteurs du gouvernement aussi pauvres qu'ils y étaient montés.

* * *

Aux premiers temps de la République romaine, la profession d'Avocat n'apparaît pas avec un caractère distinct. La défense en Justice appartient au domaine du Patronat dont elle est une des charges essentielles. Le patricien, au sens même de son nom, devenait un père pour les clients qu'il avait pris sous sa protection ; il était naturel qu'il les aidât jusque devant les tribunaux. Au dire de Laroche-Flavin, cette assimilation au rôle de la paternité était à ce point complète, qu'elle imposait aux Avocats-Patrons l'obligation de doter les filles de leurs clients. Je rends grâces au Ciel — et je ne suis pas le seul — de n'avoir point laissé se perpétuer jusqu'à nous une tradition familiale qui pourrait être d'un entretien rapidement ruineux. Boucher d'Argis ajoute, il est vrai, comme en manière de compensation, que le cas échéant, les clients devaient se cotiser pour rendre le même service à leur commun patron.

Comme mon objectif n'est pas de retracer l'histoire, les constitutions ni les usages du Barreau, je n'en retiens que ce qui est de nature à nous confirmer dans l'idée très élevée que l'opinion publique avait, sous la période romaine, de la profession des Avocats.

La complexité croissante de la législation, résultat à peu près inévitable chez une nation en progrès de civilisation, avait eu pour conséquence de susciter, en dehors des patrons, des jurisconsultes spéciaux, s'appliquant exclusivement à l'étude du droit que les patrons dédaignaient ou ne pouvaient entreprendre. Et grâce aux idées démocratiques qui facilitaient l'accession aux professions libérales des plébéiens eux-mêmes, bon nombre d'entre ceux-ci vinrent se fixer au Barreau.

Mais cette promiscuité, loin de diminuer le prestige de l'Ordre, augmenta au contraire son éclat, en lui apportant des éléments de talent et d'érudition remarquables.

Le Barreau fut encore, comme en Grèce, le degré par lequel on arrivait aux honneurs réservés à titre de récompense des services rendus à la cause publique. Pour n'en citer que deux exemples particulièrement illustres, Caton le Grand fut élevé au rang de consul et de censeur ; Cicéron parvint également au consulat et fut honoré des titres de Père de la Patrie et de Prince de l'éloquence.

Et chose remarquable, les grands orateurs revêtus des plus éminentes dignités n'en continuaient pas moins à venir prendre place à la barre et à y remplir leur fonction première, rehaussant ainsi de leur gloire personnelle l'honneur de l'Ordre auquel déjà ils devaient leur propre élévation.

Je sortirais de mon programme si je m'étendais sur les vicissitudes du Barreau romain à travers le règne des empereurs dont quelques-uns conçurent une crainte jalouse de l'influence des orateurs publics, mais dont la plupart exaltèrent l'Ordre des Avocats et le comblèrent de faveurs et de privilèges.

Ce que j'ai dit des transformations opérées dans la constitution du Barreau romain implique qu'une réglementation de ses fonctions et de sa discipline était devenue nécessaire.

Plusieurs empereurs édictèrent à cet égard des lois spéciales, dont les dispositions sont à peu près complètement empruntées aux prescriptions lacédémoniennes.

On y relève pourtant des particularités qui, aujourd'hui peut-être, provoqueraient de notre part quelque malicieuse ironie, mais qui disent quelle attentive exigence on apportait au choix des Avocats.

La surdité était un motif d'exclusion du Barreau ; l'historien ne dit pas qu'elle fût absolument une cause d'incompatibilité pour les fonctions de magistrat.

Les aveugles pouvaient être juges, mais ils ne pouvaient être Avocats ; tout au moins, cette décision fut prise à la suite de l'aventure d'un certain Publius à qui, étant aveugle, il arriva de continuer à plaider, alors que les juges avaient déjà quitté l'audience.

De même qu'à Athènes, les fonctions d'Avocat chez les Romains étaient un office exclusivement viril.

Pourtant les Romains firent, sur ce terrain, un essai de féminisme qui, d'ailleurs, ne fut pas très heureux.

Deux dames romaines, Amasie et Hortensie, avaient été admises aux fonctions d'Avocat, dont elles s'acquittèrent du reste fort bien. Mais survint une nommée Aphranie, qui plaidait continuellement pour elle-même et scandalisait tellement les juges par sa loquacité, son effronterie et ses emportements qu'on dut lui interdire la parole publique.

Malheureusement, par une application peut-être exagérée de la théorie de la responsabilité collective, la défense fut étendue à toutes les femmes en général. Ce fut plus tard une loi de Théodose qui rendit aux femmes le droit de parler en Justice, mais seulement pour elles-mêmes, et non pour autrui ; ce qui n'était plus en définitive l'exercice de la profession.

*
* *

Je passerai assez rapidement sur la période de la conquête romaine des Gaules, au cours de laquelle la profession de l'Avocat demeura fort effacée. La parole était alors beaucoup plus aux champs de bataille qu'au prétoire; pourtant, le goût de la discussion demeurait, au dire de Tacite, l'un des deux traits spéciaux de notre caractère national : *rem militarem et argute loqui.*

L'établissement des Francs sur le sol gaulois fut assez longtemps encore avant de rendre aux Jurisconsultes et aux Avocats leur place prépondérante à la barre des Tribunaux.

Charlemagne lui-même, encore qu'il semble avoir voulu constituer, par les soins de ses *Missi dominici*, de véritables Barreaux, n'en continuait pas moins à favoriser le combat judiciaire et le jugement de Dieu.

Sous Hugues Capet, et aux débuts du XIe siècle, la pratique du combat judiciaire, bien qu'à son déclin, n'était point sans danger pour l'Avocat qui, oubliant de se contenir dans son rôle de procédurier, s'identifiait trop ardemment avec son client ; cela pouvait l'amener à être contraint de descendre lui-même dans l'arène, et de se mesurer avec un spadassin de rencontre.

Il faut arriver au règne de saint Louis, et à ses Etablissements en 1270, pour trouver une organisation régulière du Barreau. On y remarque quelques règles empruntées au droit romain, et dont la tradition s'est perpétuée. Deux caractères, ou plus exactement deux devoirs de l'Avocat y sont précisés tout particulièrement : la loyauté et la courtoisie.

« Toutes les resons à destruire la partie adverse cy « doict dire courtoisement, sans vilenie dire de sa « bouche ni en fait ni en droit. »

La sage réglementation des fonctions du Barreau eut pour effet d'y attirer de nombreux adeptes. « Lors — « dit Loysel — chacun apprit la chicane, et le nombre « des Advocats commença à provigner. »

Les fonctions d'Avocat à cette époque étaient à peu près exclusivement réservées aux membres du Clergé qui seuls, en effet, possédaient l'instruction et les lumières nécessaires pour l'étude des lois.

Nous nous étonnerons donc moins que l'un d'eux, Guy Foucault, ait été arraché à ses études pour s'élever à de plus hautes destinées. Quoi qu'il fût, au dire de ses contemporains, *advocatus famosissimus*, il devint évêque en 1250, et quinze ans plus tard, il était élu Pape sous le nom de Clément IV ; il continua de donner, sur le trône pontifical, l'exemple des vertus dont il avait honoré sa profession première de Jurisconsulte et d'Avocat.

Ceci vous démontre, qu'en outre des vertus humaines, il n'était point inutile à l'Avocat, au moins en ce temps-là, de pratiquer les préceptes de la perfection chrétienne.

A peu près à la même époque, vivait en Bretagne un avocat d'un certain renom, Yves de Kermartin que l'on appelle communément saint Yves et dont la légende rimée est parvenue jusqu'à nous.

Cette légende a fait de lui le patron des Avocats ; indûment peut-être, et grâce à une chapelle que les étudiants bretons lui élevèrent à Paris, rue Saint-Jacques en 1347, il vint prendre la place de saint Nicolas qui avait été jusqu'alors regardé comme le patron de l'Ordre ; mais celui-ci n'a point protesté contre son confrère, et paraît s'être contenté depuis lors d'un rôle plus modeste.

*
* *

Du XIIIe siècle à la fin du XVIIIe, l'histoire de l'Ordre des Avocats ne nous offre qu'un nombre assez restreint d'orateurs dignes de ce nom, et que je n'ai pas d'ailleurs mission de vous présenter.

Je ne voudrais cependant point passer sous silence le nom bien oublié de Me Jehan Mauvlet, qui fut en 1304, sous Philippe-le-Bel, le premier Bâtonnier de l'Ordre des Avocats au Parlement de Paris ; il mérite bien ici une mention à raison du bel exemple qu'il nous donne d'une vie modeste et retirée, et que nous aurions peut-être peine à retrouver chez quelques-uns des grands et fastueux princes de nos Barreaux contemporains.

A part un dressoir et une huche merveilleusement ciselés, qui ornaient sa salle à manger, et lui avaient été offerts par les marguilliers de Saint-Jean de Latran pour reconnaître le gain d'un procès considérable, on peut dire que la demeure de Jehan Mauvlet était le temple de la simplicité.

« Son cabinet, dit M. Ambroise Rendu, avait « pour tous meubles une grande table recouverte d'une « étoffe noire, un sablier, une chaire où se tenait « l'avocat, une escabelle pour les plaideurs, des sacs « où étaient enserrées et cachetées les pièces de chaque « client, et une armoire de bois de noyer à carreaux « de corne garnie de rouleaux de parchemin. »

Le programme de son règlement quotidien partagé entre l'étude, le plaid, les belles-lettres et la vie de famille réalisait bien le type de l'Avocat ayant l'amour du travail, dont Laroche-Flavin disait, deux siècles plus tard :

« La vocation des Avocats guérit les gens de paresse, « parce que estre advocat et se lever matin sont deux « choses inséparables. »

En 1344, un arrêt du Parlement de Paris, en forme de Règlement, coordonnait les prescriptions qui régissaient les Avocats, et rappelait notamment les conditions de savoir et de moralité qui devaient présider à leur admission.

Quelques années auparavant, en 1338, un ouvrage de Dubreuil intitulé : *Style du Parlement*, contenait, sous la rubrique : « *De modo, gestu et habitu quem habere debet « advocatus curiæ Parlamenti »*, un curieux chapitre ayant trait aux règles extérieures de l'art oratoire ; en voici quelques-unes :

« Que l'avocat au Parlement soit doué d'une prestance « imposante et d'une taille bien proportionnée, de « manière à s'offrir, avec avantage, aux yeux des « magistrats et de l'auditoire.. »

« Que sa physionomie soit ouverte, franche, affable « débonnaire, et forme, d'avance une espèce de recom- « mandation ; »

« Qu'il n'ait rien de farouche ni d'irrégulier dans les yeux et le regard ;

. . . . . *obliquos meditabitur ictus*
Torva tuens . . . .

« Que sa pose devant les magistrats soit décente et « respectueuse, et que sa mise ne laisse voir ni recherche « ni négligence ;

« Qu'en parlant il s'abstienne de décomposer les « traits de son visage par les contorsions de sa bouche « et de ses lèvres ;

« Qu'il évite les grands éclats d'une voix glapissante ;

« Qu'il sache régler ses intonations, de manière à les « tenir à une égale distance du grave et de l'aigu ; que « sa voix soit pleine et sonore, et offre la qualité d'un « beau médium ;

« Qu'il se garde de donner à sa tête et à ses pieds une agitation déplacée. »

. . . .

Vers la fin du XVIe siècle, survint dans la vie assez paisible du Barreau de Paris un grave incident qui donna aux Avocats l'occasion de révéler à un haut degré deux qualités maîtresses de leur Ordre : l'esprit de solidarité et l'indépendance professionnelle.

De temps immémorial, les Avocats étaient dans l'usage de recevoir leurs honoraires sans en donner quittance, comme cela se pratique encore de nos jours.

Une ordonnance de Henri III, du mois de mai 1579, dite ordonnance de Blois, enjoignit aux membres du Barreau de signer leurs écritures, et, « au bas de leur « seing, d'écrire et parapher de leur main ce qu'ils « auront reçu pour leurs salaires, à peine de « concussion ».

L'Ordre fut tellement blessé de cette mesure qu'il refusa de s'y soumettre et qu'elle demeura sans application.

Cependant, un arrêt du Parlement de Paris de 1602 ordonna l'exécution de l'ordonnance de 1579, à la demande et au profit de Sully qui, dans un procès, se plaignait d'avoir donné 1.500 écus à son Avocat. Dès cet arrêt connu, les Avocats fort émus se réunirent, et résolurent de renoncer à leur profession ; et incontinent, au nombre de 307, ils s'en furent deux par deux, faire au Greffe leur déclaration.

Le cours de la Justice en fut interrompu, ainsi que de nos jours une simple usine devant la grève. Le bon Henri IV confirma bien pour la forme l'arrêt du Parlement, mais ses lettres patentes du 25 mai 1602, rétablissant dans leurs fonctions les Avocats « *grévistes* »... non, je veux simplement dire démissionnaires, les autorisèrent expressément à les exercer comme ils faisaient auparavant ; l'union corporative et l'amour-propre professionnel avaient triomphé de la toute-puissance royale.

Bien que je n'aie point la prétention de vous présenter le tableau complet de toutes les vertus ou qualités demandées à l'Avocat — sinon toujours réalisées par lui, — il est encore deux caractères qui sont devenus traditionnels et comme inhérents même à ses fonctions, je veux dire : le courage sincère et incorruptible de l'Avocat à défendre les droits de la morale et de la loi contre l'arbitraire du pouvoir royal, ou les exigences de toute autorité quelle qu'elle soit ; d'autre part, l'empressement du Barreau à donner aux malheureux et aux humbles le secours d'une parole consciencieuse et désintéressée.

Cette double attitude de l'Ordre en face des puissants de la terre et des déshérités de la vie est un des plus beaux titres dont s'honore le Barreau ; mais elle est surtout d'une allure bien française, et comme le fruit naturel de notre caractère national : indépendance, loyauté, générosité.

En son curieux *Dialogue des Avocats*, le bon et naïf Loysel place dans la bouche des disciples de Pasquier l'interrogation et le court récit qui suivent :

« Ne direz-vous donc rien de ces Advocats qui se « trouvèrent en l'Assemblée tenue en l'Evesché de « Paris, en la présence du légat du Pape, sur la « validité ou nullité du mariage du Roy Philippe Ier « de ce nom, en laquelle le Roy ayant fait proposer « par ses Advocats les causes qu'il avait de répudier « Berthe, fille de Florent Ier, comte de Hollande, et de « retenir Bertrade, femme de Foulque, comte d'Anjou; « l'on dit qu'il se présenta sur le champ un Advocat « qui plaida si bien la cause que le Roy fut esmeu

« de reprendre sa première femme et d'abandonner « l'autre comme sa concubine. »

En 1405, c'était Gerson qui avait la témérité d'adresser au Roy Charles VI des remontrances sur l'état du royaume.

Il était rare, à cette époque, qu'un homme osât élever la voix devant le souverain en faveur de la justice et du droit. Le discours de Gerson est un modèle de dignité et de beau style. Il flétrit avec vigueur et ironie les mensonges et les hypocrisies des courtisans : « Flatteur est le ménétrier ou trompette qui toujours « chante de feincte musique, et change sa note suivant « que le seigneur veut chanter ou deviser ; c'est l'usage « du mirouer qui rit quand on rit, pleure quand on « pleure........... »

« Pense bien que le flatteur est le prestre à l'ennemy « d'enfer qui chante les vigiles de ceux qui sont morts « par peschez ; c'est la mauvaise corneille qui crève « les yeux aux grands seigneurs ou les bande, puis « joue d'iceux aux chapefols (colin-maillard). »

A la fin du XVIe siècle, l'illustre et intègre Pasquier, l'orateur choisi des dialogues de Loysel, avait été nommé par Henri IV, Avocat général et appelé dans les conseils du roi ; ce qui ne l'empêcha pas, en maintes circonstances, de parler au souverain le langage de la justice et de la raison. A un ami qui s'étonnait de cette attitude si peu conforme aux mœurs des courtisans, il écrivait :

« Il ne falloit que je fusse advocat du roy, ou « l'estant, il faut que je découvre à mon maître ce que « je pense importer à la manutention de son Estat ; je « dois la vérité à mon Roy, c'est une charge foncière

« annexée à ma conscience et à mon estat, dont je ne « puis me dispenser sans commettre felonie envers « luy. »

En regard de cette ferme franchise du Barreau devant le pouvoir royal, et par un contraste assez émouvant, nous pouvons placer le dévouement de l'Avocat aux intérêts du pauvre, et cela bien longtemps avant l'invention de ce rouage administratif que nous appelons l'Assistance judiciaire.

Si nos souvenirs historiques, aidés de notre imagination, nous reportaient au XIIIe siècle, dans les jardins royaux dont l'emplacement est actuellement occupé par la place Dauphine, nous y retrouverions, à l'heure de midi, à l'ombre de ces fameuses treilles dont six muids de vin revenaient chaque année aux chanoines de Saint-Nicolas, le bon roi Louis, assisté de son ami Joinville et de l'avocat Guy Foucault, donnant audience aux indigents, et les renvoyant consolés : premier et grandiose exemple des consultations gratuites.

L'assistance des pauvres a toujours été considérée comme un devoir, et les lois qui, aux différents âges de l'histoire du Barreau, en ont réglementé l'exercice, n'ont rien ajouté aux obligations qu'il s'était spontanément imposées.

Jusqu'au siècle dernier, il y avait à Paris, en la salle des Pas-Perdus au Palais de Justice, un pilier qu'on appelait le « Pilier des Consultations ». Chaque semaine, à tour de rôle, les députés des colonnes et les Anciens s'y tenaient, dans une touchante simplicité, à la disposition des pauvres gens, leur évitant bien souvent par un conseil donné à propos, les erreurs et les ennuis d'un procès. Notons que depuis plusieurs années, cette charitable coutume a été reprise, — sans le pilier qui a disparu, — par le Barreau de Paris.

Si le Moyen-Age a su conserver au Barreau ses traditions anciennes, il faut pourtant reconnaître que l'art de l'éloquence judiciaire avait sensiblement faibli, notamment à partir du milieu du XVIe siècle : « La « langue a fait des progrès, dit Sainte-Beuve ; mais « c'est toujours le même mauvais goût, l'emphase des « rapprochements d'érudition, sans finesse et sans « esprit. »

C'est ainsi qu'on voit, dans ces plaidoyers, Antoine Le Maître, avec un sérieux qui nous paraîtrait aujourd'hui comique, établir une sorte de parallèle, de Marie Cognet, une fille désavouée par sa mère, avec Andromaque ; ou encore comparer très gravement un clerc qui s'était coupé volontairement pour signer de son sang une promesse de mariage, à Catilina qui fit boire à ses complices du sang humain.

Un peu plus tard nous verrons, sous l'influence des sentimentalités de Jean-Jacques Rousseau, l'éloquence se laisser envahir par un véritable déluge de sensibilité et par le goût douteux des effusions personnelles.

Néanmoins, et malgré ces imperfections, le Barreau offrait encore à la fin du XVIIIe siècle, à la défense des intérêts en Justice, des garanties, sinon toujours d'une grande érudition, du moins de loyauté professionnelle.

La période révolutionnaire s'offusqua de la situation du Barreau, dans les fonctions duquel elle voyait, à tort, comme un reste de privilèges anti-égalitaires. Elle ouvrit le prétoire aux « défenseurs officieux » de qui on n'exigeait ni diplôme, ni références, en vertu de ce principe, dangereux en pratique que tout justiciable qui ne pouvait ou ne voulait se présenter lui-même devant les Tribunaux, avait la liberté de s'y faire représenter par un mandataire de son choix *(Loi du 13 décembre 1790)*. L'expérience fut plutôt désastreuse et apporta indirectement, mais sûrement, un nouveau témoignage de la valeur morale de ce vieil Ordre des Avocats qu'on avait imprudemment suspecté et répudié.

La loi du 22 ventôse an XII et plus tard le décret du 14 décembre 1810 rétablirent d'abord le titre et les fonctions, puis le Collège des Avocats. On croira sans peine que le caractère dominateur et autoritaire de Napoléon Ier redoutait de voir renaître la haute influence d'un Barreau qui avait donné dans le passé et jusque dans les plus mauvais jours de la Révolution, tant de preuves de fière indépendance ; et voici l'accueil qu'il fit au premier projet de restauration qui lui fut présenté. « Le décret est absurde, écrivait-il à « Cambacérès, il ne laisse aucune prise, aucune action « contre les Avocats. Ce sont des factieux, des artisans « de crimes et de trahison. Tant que j'aurai l'épée au « côté, jamais je ne signerai un pareil décret. Je veux « qu'on puisse couper la langue à un Avocat qui s'en « sert contre le Gouvernement.

Malgré cet accès de mauvaise humeur, il signait non seulement le décret de 1810, mais encore les motifs de ce décret, et faisait lui-même de la profession un éloge qui, tombant d'une telle plume, n'était point une flagornerie.

« Une profession, dit-il, dont l'exercice influe puis- « samment sur la distribution de la Justice, a fixé nos « regards ; nous avons en conséquence ordonné par la « loi du 22 ventôse an XII, le rétablissement du « Tableau des Avocats, comme un des moyens les plus

« propres à maintenir la probité, la délicatesse, le « désintéressement, le désir de la conciliation, l'amour « de la vérité et de la justice, un zèle éclairé pour les « faibles et les opprimés, bases essentielles de leur « état. »

En somme, si vous voulez bien avec moi reconstituer la longue nomenclature de toutes les vertus humaines ou sociales, de toutes les qualités professionnelles, intellectuelles ou morales, et même des aptitudes extérieures et physiques, demandées de tout temps aux hommes qui ont entrepris la noble tâche de défendre en Justice les intérêts, l'honneur ou la vie de leurs semblables ; ou qui leur sont imposées soit par les traditions, soit par les législations, soit même simplement par les nécessités de leur mission, vous reconnaîtrez que cette nomenclature ne laisse guère en dehors d'elle d'autres vertus à pratiquer.

* * *

Est-ce à dire que l'Avocat a toujours réalisé cette haute perfection ? En est-il qui aient jamais réuni l'ensemble intégral de tous ces avantages ? Il serait prétentieux de l'affirmer ; celui-là seul assurément a pu s'en approcher, en qui se sont rencontrées le plus grand nombre de ces qualités.

Aussi bien ne sont-elles pas toutes au même degré nécessaires à l'exercice de la profession.

Les unes, sans doute, ajoutent singulièrement au prestige de celui à qui la nature les a départies ; elles amplifient et font mieux valoir son mérite personnel. Ainsi en est-il, au point de vue extérieur, de la prestance, de la vivacité du regard, de l'ensemble de la personne ; mais ces dons ne sont pas donnés à tous, et le Barreau n'est pas sans exemple d'avocats de grande valeur qui en étaient totalement dépourvus.

Peut-être pourrait-on dire encore qu'il en est de même de l'éloquence, en tant du moins qu'on voudrait la faire consister dans une certaine facilité d'exposition ou d'élocution, dans l'ampleur du geste, ou dans l'agrément de la voix, car ce sont également des moyens naturels que déjà cependant le travail peut améliorer.

Il est d'autre part des qualités professionnelles dont un Avocat digne de ce nom ne saurait être totalement privé, et que tous néanmoins ne possèdent pas au même degré : l'érudition juridique, l'aptitude à la réplique, la finesse de la compréhension comportent un minimum au-dessous duquel il serait téméraire de tenter l'exercice d'une profession qui exige un travail de tous les instants, une étude incessante et une assez grande faculté d'attention, d'observation et d'assimilation.

Mais il est une vertu que j'appellerai indivisible, qui est à la portée de tous les Avocats, que la nature a donnée également et intégralement à tous, et dont la pratique est au pouvoir de tout homme simplement honnête ; cette vertu fondamentale, dont la méconnaissance ruinerait le mérite de toutes les autres, c'est la « conscience professionnelle ».

Ne jamais trahir les intérêts de la vérité, ne jamais rien dire que ce qui est le fonds même de la conviction.

Ne jamais conseiller que ce que, de bonne foi, on croit juste et loyal.

Savoir sacrifier au besoin son intérêt personnel au triomphe des intérêts dont on a accepté la défense ;

ce ne sont là que quelques-uns des aspects pratiques du devoir de la conscience de l'Avocat, dont le domaine n'a d'autres frontières que celles de l'âme humaine et du monde moral lui-même.

Peut-être vous étonnez-vous que, vous ayant entraînés à travers l'Histoire, à la recherche de toutes les vertus naturelles ou de culture qui forment comme l'apanage de notre profession, j'aie paru négliger la belle vertu de conscience au point de ne lui avoir pas jusqu'ici accordé même une simple mention.

C'est qu'à mes yeux, la conscience est comme la reine de ce nombreux et brillant cortège que j'ai voulu d'abord vous présenter, et sur lequel elle projette l'éclat de sa pureté rayonnante.

Ou mieux encore, peut-on affirmer qu'elle est moins une vertu spéciale que l'atmosphère dans laquelle toutes les autres s'épanouissent ; en dehors de laquelle elles s'étiolent et dépérissent fatalement.

Il n'est pas, oserai-je dire, jusqu'aux facultés physiques qui n'aient besoin, pour avoir leur efficacité, de s'abriter sous la protection d'une conscience intègre. Que serviraient à l'Avocat la prestance de la stature ou le charme naturel de la voix, dont parle Dubreuil, si cet Avocat était convaincu ou même simplement soupçonné de manquer de délicatesse morale ?

Et combien plus impérieuse est l'alliance intime, avec la conscience, de toutes les qualités de l'esprit et du cœur que nous avons signalées au passage dans le cours de ce travail !

Serait-il consciencieux, l'Avocat qui n'aurait pas cet amour opiniâtre du labeur quotidien imposé par l'étude des problèmes de droit que soulève la défense des intérêts de son client ?

Peut-on raisonnablement attendre une preuve de dévouement, un acte de générosité, ou même simplement un conseil sûr et impartial de celui qui, dédaigneux des inspirations de cette voix intérieure et infaillible de la conscience, n'écouterait que les suggestions de l'intérêt, de la passion ou de l'ambition personnelles ?

Ne pensez pas que je veuille faire, de la docilité aux directions de la conscience, une sorte de domaine exclusif, ou de vertu monopolisée à la seule profession de l'Avocat.

Jamais il n'a été plus vrai de dire qu'elle s'impose comme un même et égal devoir aux hommes de toutes les carrières, au commerçant et à l'industriel comme au savant et à l'artiste, à l'ouvrier comme au patron, au fonctionnaire comme à l'artisan, et même, quoique cela puisse paraître excessif en notre temps, à l'homme politique ; en un mot à tous ceux que l'exercice de leur profession ou les devoirs de leur position mettent en rapport avec leurs semblables.

Ce n'est pas encore assez dire ; la loi morale en fait un précepte à tout être qui a son libre arbitre.

Il est pourtant des professions pour lesquelles l'opinion publique, qui sur ce point ne se trompe pas, se montre plus exigeante, et aux représentants desquelles elle demande autre chose qu'une probité commune ou une délicatesse courante. Ce sont celles qui touchent à l'intime de l'être humain, et tout particulièrement celles auxquelles appartiennent le prêtre, le médecin et l'avocat.

Volontiers, ou facilement tout au moins, elle leur fera un crime de ce qui, chez d'autres, ne sera considéré que comme faiblesse ou peccadille. Et l'on comprend bien en effet que celui-là ait le droit de demander une loyauté et une discrétion plus scrupuleuses, qui vient librement et en confiance livrer à celui qui est à ses yeux le ministre de la consolation ou de la Justice, les secrets les plus intimes ou les aveux les plus pénibles de sa vie. Est-ce que tel ne vous apparaît pas le rôle social, plein de grandeur et de noblesse de l'Avocat ?

Nous assistons — dit M. le Bâtonnier Pouillet, en son magnifique discours du 21 novembre 1896 — « nous assistons, confidents impassibles et navrés, à « des drames obscurs et poignants, où semblent « parfois sombrer l'amour paternel, l'amour filial, le « dévouement, l'amitié, la probité....

« Rien de la vie et de son activité n'échappe à « l'Avocat. Le cœur aux prises avec tous les tourments « de la passion, la propriété en butte aux assauts de « la cupidité, les héritages livrés à l'âpre convoitise ; « les contrats les plus solennels violés à l'aide « d'incroyables subtilités ; le commerce, source éter- « nelle de fraude, avec ses entreprises hardies et sa « concurrence effrénée ; l'industrie créant, avec ses « merveilleuses découvertes, un monde nouveau au « détriment de l'ancien qui se sent vaincu et qui « résiste ; la liberté d'association cherchant sa forme « encore indécise.... tout ce que l'esprit peut rêver, « tout ce que le cœur peut souffrir, tout ce que l'âme « peut entrevoir ou comprendre, tout, sans exception, « aboutit au Palais, tout finit, tout commence dans le « cabinet de l'Avocat qui, dans ses multiples plaidoi- « ries, trace en réalité l'histoire sociale elle-même. »

Pourrais-je clore cette imparfaite étude sur une citation meilleure ? N'est-elle pas comme la synthèse délicatement fidèle de la mission, noble entre toutes, de l'Avocat ?

L'évolution sociale qui, principalement depuis un demi-siècle, a bouleversé, sur tant de points, les conditions de notre vie moderne, n'a point épargné la carrière du Barreau.

Elle a donné à nos activités professionnelles des allures — il faut bien le dire — assez agitées, hâtives, enfiévrées. Avouons encore avec franchise que les formes extérieures de nos joûtes judiciaires se ressentent parfois d'une sorte de surexcitation ambiante.

En dehors des grandes causes sensationnelles où s'irritent les ferments des passions politiques ou les avidités de la curiosité publique, on ne connaît plus guère au Palais ces longues et solennelles plaidoiries qui ont illustré les noms de nos Anciens, et que ne permettrait plus, semble-t-il, l'amoncellement du rôle de nos audiences surchargées.

Les formes mêmes du langage sont marquées de cette précipitation générale qui en fait peut-être un peu trop oublier les recherches académiques. Sous le prétexte de ne parler que « la langue des affaires » et sans aller, il est vrai, jusqu'à la concision du « style nègre », on ne retrouve point aussi souvent aux plaids actuels cette correction de syntaxe, ces ciselures de nuances, ces finesses de l'esprit qui faisaient des moindres discours de nos maîtres de petits chefs-d'œuvre littéraires.

Il n'est pas jusqu'à l'allure, à la tenue, au genre de vie de l'avocat contemporain qui n'aient subi une totale transformation.

Où est l'homme de loi à la lèvre rasée, aux favoris discrets, au costume sombre, à l'impeccable cravate blanche, à la démarche grave, au front méditatif que nos jeunes années ont connu aux galeries du Palais ?

On peut dire de l'avocat de nos jours ce que disait finement du magistrat moderne, en son discours de Bâtonnat, notre regretté et spirituel Pouillet : « .... Il « est un homme comme un autre.... quelquefois même « un peu trop. »

Cette métamorphose, faut-il la déplorer ? Oui, un peu. Cet aspect extérieur de quasi austérité était sans doute l'indice d'un calme intérieur, d'un esprit réfléchi, c'est-à-dire de qualités foncières de la profession.

Mais il convient de ne rien exagérer et de ne rien prendre au tragique. Pour être maintenant plus « en dehors », d'abord moins sévère, d'humeur plus éveillée, nos jeunes Maîtres en sont-ils moins scrupuleusement attachés à leur devoir ? Ont-ils un souci moins consciencieux de leurs responsabilités ? Ont-ils une moindre valeur professionnelle ?

Ces concessions, légitimes après tout, par eux accordées aux sollicitations de la vie moderne, on devrait et il faudrait les regretter si elles portaient atteinte aux vertus fondamentales de travail, de désintéressement, de loyauté et de conscience qui ont fait, à travers les âges, l'honneur de leur profession ; si elles trahissaient de leur part l'abandon de ce domaine patrimonial dont ils ne sont que les passagers dépositaires.

Constatons, avec une joie mêlée de quelque juste fierté, qu'il n'en est pas ainsi ; — et si parfois se révèle une faiblesse individuelle et rare, elle ne fait que confirmer, par la réprobation et la tristesse qu'elle suscite dans la grande famille du Barreau, cet attachement solidaire de l'Ordre au respect de ses plus chères traditions d'honneur professionnel.

Aussi bien, c'est cette évolution sociale qui se charge d'apporter elle-même le remède aux dangers des transformations qu'elle opère. Par la diffusion plus grande qu'elle a donnée à l'enseignement, par l'accès plus facile qu'elle a frayé aux professions libérales, et notamment vers la Barre, elle a provoqué un encombrement qui ne permet d'émerger qu'aux laborieux et aux persévérants.

S'il est une carrière où les grâces toutes superficielles du snobisme le plus raffiné soient de peu d'utilité, une carrière où « les fils d'archevêques » comme on disait jadis, les favoris du pouvoir, les fruits secs de la politique n'aient guère à compter sur le « piston » ministériel ou parlementaire, c'est bien celle du Barreau, dont l'indépendance demeure intangible, et où le travail seul peut ouvrir « aux jeunes » les avenues du succès. *Labor improbus omnia vincit.*

Conservons donc cet espoir non seulement familial, mais véritablement national : les gouvernements, les générations, les passions s'agiteront et passeront ; mais tant qu'il demeurera résolument fidèle à ses vieilles traditions d'honneur, de probité, de désintéressement, de dévouement et de conscience professionnelle, le Barreau ne passera

A. Duval.

REIMS. — LUCIEN MONCE, IMPRIMEUR DE L'ACADÉMIE, 71, RUE CHANZY

www.ingramcontent.com/pod-product-compliance
Ingram Content Group UK Ltd.
Pitfield, Milton Keynes, MK11 3LW, UK
UKHW020440220726
13923UKWH00005B/2251

9 782019 230340